Philo Z'enfants

le beau et l'art, c'est quoi ?

Nous remercions la ville de Nanterre,
qui nous a permis de développer notre projet
de philosophie à l'école primaire,
les enseignants qui se sont lancés
dans cette aventure, et tous les enfants
de la ville qui ont tenté de redonner
sens et vigueur à la parole.

Toute notre reconnaissance à Isabelle Millon,
pour sa précieuse collaboration.

Lettrage : **Nathalie Tousnakhoff**

Direction éditoriale : **Céline Charvet**
Direction d'ouvrage : **Cécile Jugla**
Édition : **Sophie Senart**
Direction artistique : **Jean-François Saada**
Conception graphique : **Lieve Louwagie**
Suivi du projet et maquette : **Ségolène Even**

Philo Zenfants

Le beau et l'art, c'est quoi ?

Texte d'Oscar Brenifier
Dessins de Rémi Courgeon

Nathan

Des questions ?
Pourquoi des questions ?

Les enfants se posent des questions, toutes sortes de questions, souvent importantes. Que faire de ces questions ?
Faut-il que les parents y répondent ?
Pourquoi répondraient-ils à la place de l'enfant ?

Il ne s'agit pas ici d'exclure la réponse des parents : elle peut aider l'enfant à se constituer. Mais il convient aussi d'apprendre à l'enfant à penser et juger par lui-même, à réfléchir pour pouvoir acquérir sa propre autonomie et devenir responsable.

Dans les différents ouvrages de la collection Philozenfants, à chaque question s'offrent plusieurs réponses.
Certaines paraîtront évidentes, d'autres mystérieuses, étonnantes, déroutantes. Toutes feront l'objet de nouvelles questions, car la pensée est un chemin qui ne connaît pas de fin.

Ces dernières questions resteront peut-être sans réponse.
Tant mieux. Il n'est pas indispensable de répondre.
Une question peut être aimée pour elle-même, uniquement parce que c'est une belle question, parce qu'elle présente un beau problème, porteur de sens et de valeur.
Ainsi, la vie, l'amour, le beau ou le bien resteront-ils toujours des questions.

Mais des pistes se dessineront. Examinons-les, apprécions-les comme de véritables amis qui veulent nous garder éveillés.
Et prolongeons ce dialogue, en pariant qu'il apportera autant aux enfants qu'aux parents.

Oscar Brenifier

Sommaire

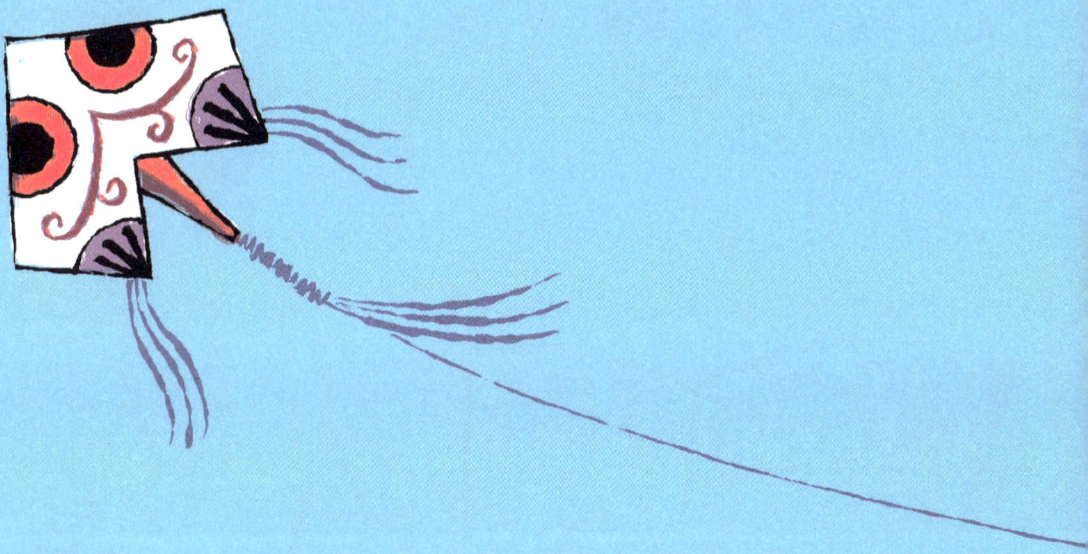

Avons-nous tous la même idée de la beauté ?

Oui, mais…

Un mot peut-il avoir exactement le même sens pour tout le monde ?

Peut-on être en désaccord avec l'auteur d'un dictionnaire ?

Le dictionnaire peut-il
expliquer le sens de la vie ?

Peut-on exprimer avec des mots
la beauté que l'on perçoit ?

OUI, PARCE QUE NOUS SOMMES TOUS DES HUMAINS.

Oui, mais…

Les hommes sont-ils tous sensibles à la beauté ?

As-tu les mêmes goûts que tes amis ?

Nos goûts ne varient-ils pas selon notre culture et notre éducation ?

NON, PARCE QUE MOI
JE NE TROUVE PAS BEAU
L'ART ABSTRAIT,
QUI NE RESSEMBLE
À RIEN DU TOUT.

Oui, mais...

Ce que tu n'apprécies pas
est-il obligatoirement laid ?

Une œuvre d'art doit-elle imiter
la réalité pour être belle ?

Une œuvre d'art ne doit-elle
pas être unique et incomparable
pour être belle ?

Une œuvre d'art doit-elle
toujours être belle ?

NON, PARCE QUE POUR MOI LES ARAIGNÉES SONT BELLES ALORS QUE LES GENS LES TROUVENT LAIDES.

Oui, mais...

Une chose peut-elle
être belle pour une seule
personne ?

Un monstre peut-il
être beau ?

Pouvez-vous tous avoir
raison en même temps ?

Oui, mais...

Certaines personnes ont-elles plus de goût que d'autres ?

Un enfant peut-il savoir ce qui est beau ?

Nos goûts sont-ils toujours influencés par quelqu'un ?

Certains artistes reconnus de nos jours n'ont-ils pas été rejetés par les experts de leur époque ?

NON, PARCE QU'IL Y A
DES GENS
QUI SE FICHENT
DE LA BEAUTÉ.

Oui, *mais...*

Est-ce parce qu'ils ne savent pas reconnaître ce qui est beau ?

Un homme n'a-t-il pas toujours besoin de beauté pour vivre ?

Peut-on avoir peur de la beauté ?

Le mot « beau » est un adjectif bien commun, nous l'utilisons souvent et nous avons l'impression d'être compris lorsque nous l'employons. Mais il suffit d'une discussion entre amis pour s'apercevoir que ce qui est beau pour les uns ne l'est pas toujours pour les autres. Selon nos goûts, notre culture ou notre éducation, le mot « beauté » peut prendre des sens tellement différents que nous nous demandons parfois s'il signifie vraiment quelque chose. Face à cette diversité, devons-nous croire certains spécialistes, plus capables que les autres de juger de ce qui est beau ou de ce qui est laid, ou devons-nous nous fier à notre simple perception personnelle ? Nous savons pourtant que les hommes ont besoin de beauté, même sans être d'accord sur ce qu'elle est « vraiment ».

Te poser
cette question,
c'est donc...

... découvrir
ce qui peut te relier
aux autres hommes
et te différencier d'eux.

... reconnaître
en quoi tes goûts
peuvent être
déterminés
par ta culture.

... réaliser qu'un même
mot peut avoir un sens
différent pour chacun.

Qu'est-ce qui est beau ?

LA NATURE, HARMONIEUSE

Oui, mais...

Les animaux qui se mangent entre eux sont-ils doux et harmonieux ?

Un volcan en éruption est-il laid, parce qu'il est violent ?

Trouves-tu beau ce qui est vivant, parce que tu es vivant ?

L'harmonie totale n'est-elle pas ennuyeuse ?

PARCE QU'ELLE EST DOUCE, ET VIVANTE.

MON AMOUREUX, PARCE QU'IL N'A AUCUN DÉFAUT.

Oui, *mais...*

Cesseras-tu de le trouver beau si tu lui découvres des défauts ?

Ne trouve-t-on pas toujours beaux ceux qu'on aime ?

La perfection peut-elle exister ?

Certaines qualités peuvent-elles être aussi des défauts ?

LES HISTOIRES TRISTES, PARCE QU'ELLES ME FONT PLEURER.

Oui, mais...

La beauté peut-elle nous faire souffrir ?

Trouves-tu beau tout ce qui te fait pleurer ?

Peux-tu trouver beau ce qui ne t'émeut pas ?

Te sens-tu mieux lorsque tu pleures ?

L'univers,
parce qu'il est
infini.

Oui, mais...

Peut-on trouver beau quelque chose que l'on ne perçoit pas ?

Trouves-tu beau tout ce qui est dans l'univers ?

Trouves-tu beau l'univers parce que sans lui tu n'existerais pas ?

Une œuvre d'art achevée n'est-elle pas belle ?

MA ROBE, PARCE QU'ELLE EST DÉCORÉE DE PETITS RONDS JAUNES TOUT BRILLANTS.

Oui, mais…

Ne serait-elle pas plus belle
si elle était décorée de triangles
verts ?

Si ton ennemie porte la même robe,
continueras-tu à la trouver belle ?

Et si tout le monde
porte cette robe à la mode,
la trouveras-tu belle ?

Le brillant ne sert-il pas
seulement à attirer les regards ?

MES RÊVES, PARCE QU'ILS NE SONT PAS RÉELS.

Oui, mais…

La beauté n'est-elle qu'un rêve ?

Et si l'un de tes rêves se réalise, le trouveras-tu laid ?

Pourquoi tes rêves seraient-ils moins réels qu'autre chose ?

Ta vie quotidienne est-elle laide ?

Tout n'est pas beau ! Pour mériter ce terme, une personne, un objet, un paysage doivent répondre à certains critères, ou caractéristiques. Oui, mais lesquels ? On a souvent tendance à penser que seul ce qui est parfait, harmonieux ou infini peut être beau. Or on trouvera beau celui qu'on aime même s'il ne possède pas toutes ces qualités ! Car la beauté naît souvent de l'émotion que suscite une personne ou une œuvre. Et nous trouvons de la beauté même dans ce qui nous attriste et nous fait souffrir. Cela signifie-t-il qu'elle existe surtout dans le regard que l'on porte sur les choses ? Qu'elle est avant tout une affaire de goût personnel et qu'elle n'existe pas vraiment dans la réalité ? À moins qu'elle soit simplement difficile à définir...

Te poser cette question, c'est donc...

... apprendre à dépasser les apparences.

... savoir que la beauté peut prendre des formes opposées.

... prendre conscience que les goûts varient avec le temps et les circonstances.

... affirmer tes goûts tout en acceptant ceux des autres.

Dois-tu comprendre ce qui est beau ?

NON, IL SUFFIT DE REGARDER ET D'ÉCOUTER POUR SAVOIR CE QUI EST BEAU.

Oui, mais...

Les animaux savent-ils
donc ce qui est beau ?

Peux-tu savoir ce qui est beau
si tu es sourd et aveugle ?

La beauté se voit-elle
toujours du premier coup d'œil ?

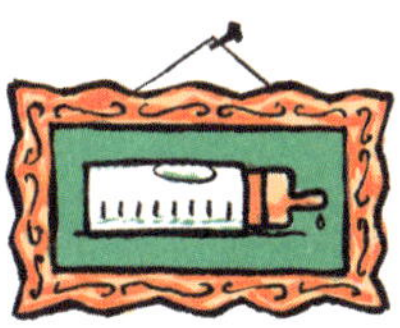

Ce qui te semblait beau
quand tu étais bébé l'est-il
toujours pour toi aujourd'hui ?

is-tu comprendre ce qui est beau ?

Oui, mais...

Dois-tu aussi comprendre
ce que tu ressens pour éviter
de te tromper ?

Pour le cœur,
la vérité est-elle
toujours belle ?

NON, LA BEAUTÉ,
ÇA SE RESSENT AVEC SON COEUR,
PAS AVEC SA TÊTE.

Ce que tu ressens
avec ton cœur
ne change-t-il jamais ?

Peux-tu trouver
un film beau
sans le comprendre ?

OUI, COMME ÇA MON GOÛT VA S'AMÉLIORER ET JE POURRAI APPRÉCIER PLUS DE CHOSES.

Oui, mais...

Ton goût s'améliore-t-il ou change-t-il tout simplement avec l'âge ?

Comprendre te fait-il apprécier plus de choses ou mieux apprécier ce qui te semble beau ?

Pourras-tu un jour apprécier tout ce qui est beau ?

Peux-tu comprendre ce qui est beau et ne pas l'apprécier ?

OUI, UNE ŒUVRE EST
QUAND ON COMPREND CE

ENCORE PLUS BELLE QUE VEUT DIRE L'ARTISTE.

Oui, mais...

Les artistes savent-ils toujours ce qu'ils veulent dire lorsqu'ils créent ?

Les artistes veulent-ils toujours dire quelque chose ?

As-tu le droit d'interpréter et de comprendre autre chose que ce qu'a voulu dire l'artiste ?

Une œuvre d'art peut-elle être belle parce qu'elle est folle ou mystérieuse ?

is-tu comprendre ce qui est beau ?

NON, PARCE QUE SI JE RÉFLÉCHIS TROP, JE CRITIQUE TOUT ET PLUS RIEN NE ME PLAÎT.

Oui, mais...

As-tu peur de voir les choses telles qu'elles sont ?

La critique n'est-elle pas parfois de la jalousie ?

Peut-on critiquer quelque chose ou quelqu'un, et encore l'apprécier ?

Faut-il être bête pour trouver les choses belles ?

Pour beaucoup de gens, la beauté se voit, s'entend, se ressent... et ne s'explique pas. C'est une évidence qui parle à notre cœur. Pourtant, certaines informations se révèlent utiles pour percevoir une beauté que l'on ne soupçonnait pas. En étudiant une œuvre d'art, ne découvre-t-on pas certains aspects qui nous aident à l'apprécier davantage ? Mais nous prenons aussi le risque de lui ôter tout mystère et toute possibilité de nous émouvoir, en l'enfermant avec nos mots. Nous pouvons aussi arriver à tout critiquer. Pour comprendre et apprécier pleinement ce qui est beau, sans doute faut-il savoir ouvrir le dialogue entre notre tête et notre cœur, même s'ils se contredisent souvent.

Te poser cette question, c'est donc...

... te demander
si avoir du goût
s'apprend ou
se reçoit à la naissance.

... faire la différence
entre ce que tu vois
et ce que tu penses.

... pouvoir décider
si tu dois davantage
faire confiance à ta raison
ou à tes sentiments.

... ne pas craindre
de comprendre et d'analyser
tes sentiments et tes émotions.

Sommes-nous tous des artistes ?

NON, PARCE QUE
LES ARTISTES NE SONT PAS
COMME TOUT LE MONDE
ET QU'ILS ONT DU TALENT.

Oui, *mais…*

Les artistes n'ont-ils pas besoin de manger ou de dormir comme tout le monde ?

Les artistes ont-ils tout le temps du talent ?

À qui appartient leur talent, à eux-mêmes ou à l'humanité ?

OUI, PARCE QUE NOUS AVONS

Oui, mais...

Un ingénieur est-il un artiste lorsqu'il invente des machines ?

Et si tu imagines des choses laides et sans intérêt ?

TOUS DE L'IMAGINATION.

Et si tu ne sais pas réaliser ce que tu imagines ?

Les artistes ont-ils beaucoup d'imagination ou perçoivent-ils le monde différemment de nous ?

OUI, PARCE QUE NOUS AIMONS TOUS LA MUSIQUE OU LA PEINTURE.

Oui, mais...

Suffit-il d'aimer manger
pour être cuisinier ?

Un musicien et ses auditeurs
aiment-ils la musique de la même façon ?

Peut-on être un artiste
sans créer ?

L'artiste ne doit-il pas aimer l'art
plus que sa propre personne ?

OUI, EN TRAVAILLANT, DEVENIR DES

Oui, *mais…*

N'existe-t-il pas un seul artiste paresseux ?

Naît-on artiste ou le devient-on ?

NOUS POUVONS TOUS ARTISTES.

Le travail nous rend-il libre de devenir qui l'on veut ?

Un artiste a-t-il aussi besoin de se reposer et de ne rien faire pour créer ?

OUI, PARCE QUE NOUS SAVONS NOUS RENDRE BEAUX POUR ÊTRE AIMÉS DES AUTRES.

Oui, mais...

L'homme est-il
une œuvre d'art ?

Savons-nous tous
nous rendre beaux ?

Ne prenons-nous pas
seulement l'apparence
de la beauté ?

Est-ce l'artiste que l'on doit
aimer, ou son œuvre ?

NON, PARCE QUE NOS DESSINS NE SONT PAS TOUS DANS LES MUSÉES.

Oui, mais...

N'y a-t-il que de grandes œuvres dans les musées ?

Les œuvres d'art sont-elles toutes dans les musées ?

Un grand artiste peut-il
rester ignoré de tous ?

Reconnaît-on un artiste à son
œuvre ou à sa manière d'être ?

Nous sommes sensibles à la beauté : nous aimons lire, écouter de la musique, aller au cinéma ou au musée. Certains savent dessiner et nous sommes tous capables, à des degrés divers, d'inventer et de créer. Il suffit aussi d'écouter nos rêves pour voir que nous avons de l'imagination. Pourtant nous ne sommes pas tous considérés comme des artistes. Car pour beaucoup, l'artiste est un homme extraordinaire, doué d'un talent particulier. Mais n'est-il pas aussi un individu ordinaire, qui fait de son art un métier ? Il est vrai que rares sont les hommes dont les œuvres sont capables de nous émouvoir et de nous transformer. En percevant et en exprimant des choses que nous ne percevons pas ou que nous ne savons pas exprimer, ceux-là seuls sont peut-être des artistes...

Te poser
cette question,
c'est donc...

... faire la différence
entre ta sensibilité
à l'art et ta capacité
de création.

... te rendre compte que
l'on devient artiste
et que la création
n'est pas un miracle.

... identifier la place
de la beauté dans ta vie
et dans celle des artistes.

... oser vivre
ta passion
jusqu'au bout.

Un artiste est-il libre de créer ?

NON, CAR IL DÉPEND DE SON INSPIRATION.

Oui, mais...

L'inspiration dépend-elle
du travail de l'artiste,
de sa volonté ou de sa patience ?

L'artiste ne trouve-t-il
pas l'inspiration en créant ?

L'inspiration vient-elle
d'ailleurs ?

Un artiste ne choisit-il
pas ce qu'il crée ?

NON, PARCE QU'IL EST INFLUENCÉ PAR LES ARTISTES QUI ONT CRÉÉ AVANT LUI.

Oui, *mais...*

Peut-on n'être influencé par rien ni personne ?

Est-on limité ou enrichi par les influences des autres ?

Un acteur est-il libre en jouant la pièce écrite par un auteur ?

Un artiste véritable n'a-t-il pas toujours sa propre manière de dire les choses ?

INGRES
VAN GOGH
MONET
MATISSE
KLIMT
BACON

OUI, CAR IL PEUT FABRIQUER TOUT CE QUI LUI PASSE PAR LA TÊTE.

Oui, mais...

Ne doit-il pas surtout choisir ce qu'il veut créer pour lui donner forme ?

Le sculpteur est-il limité par ses outils et la matière qu'il utilise ?

Le poète doit-il respecter les règles du langage ?

Un artiste doit-il aussi créer ce qui risque de choquer ou de blesser les autres ?

Oui, mais...

Les artistes créent-ils d'abord pour eux ou pour les autres ?

Devient-on artiste dans le but de gagner sa vie ?

Un artiste célèbre perd-il de sa liberté ?

Le public a-t-il aussi besoin d'être dérangé ou étonné par les artistes ?

OUI, CAR IL EST LIBRE DE NE RIEN FAIRE DU TOUT.

Oui, *mais...*

Un artiste peut-il vivre sans créer ?

Un artiste n'est-il pas obligé de travailler pour vivre ?

Un artiste qui ne fait rien est-il toujours un artiste ?

Est-il possible de ne rien faire du tout ?

Un artiste ne crée pas comme bon lui semble.
Il paraît souvent dépendre d'une force étrange, l'inspiration, qui lui ouvre ou non les portes de la création. Il subit aussi l'influence des artistes qui l'ont précédé, et il est contraint d'apprendre les règles et les techniques de son art. S'il cherche à gagner sa vie et à avoir du succès, il peut être obligé de se plier au goût du public et aux modes du moment. Mais il peut aussi dépasser son besoin de reconnaissance et faire le choix d'exprimer ce qui lui paraît essentiel, en créant son propre style, en cherchant à imposer sa voix. Il se sent obligé de créer, il fait ainsi progresser l'art, peut-être aussi les hommes auxquels il parle.

Te poser cette question, c'est donc...

... reconnaître que l'artiste, comme tous les hommes, connaît des limites.

... découvrir quels plaisirs et quelles libertés apporte l'acte de création.

... comprendre le rôle de l'artiste dans la société.

... être à l'écoute de ce qui te parle en toi-même.

À quoi sert l'art ?

À EXPRIMER DES CHOSES PROFONDES SUR LA VIE ET LE MONDE.

Oui, mais...

Les artistes peuvent-ils n'avoir rien à dire ?

Et si l'art n'existait que pour lui-même ?

L'art est-il toujours obligé d'être sérieux et profond ?

N'est-ce pas plutôt à la religion ou à la philosophie de dire ces choses profondes ?

À RASSEMBLER LES HOMMES ET

Oui, mais...

Les artistes sont-ils plus humains que les autres hommes ?

L'art sert-il aussi à montrer ce qu'il y a de monstrueux chez l'homme ?

À LES RENDRE PLUS HUMAINS.

Une musique ou un film violents nous rendent-ils plus humains ?

Les hommes ne se disputent-ils pas pour défendre leurs goûts artistiques ?

À DÉPASSER LA MORT EN LAISSANT DES TRACES.

Oui, mais...

L'art sert-il au contraire
à accepter la mort ?

Un danseur laisse-t-il
des traces derrière lui ?

L'art ne nous apprend-il pas
plutôt à apprécier la vie ?

Les traces d'une vie
peuvent-elles remplacer la vie ?

À NOUS FAIRE OUBLIER
À NOUS DISTRAIRE,

LA RÉALITÉ, À PASSER LE TEMPS.

Oui, mais...

La réalité
est-elle si pénible ?

Un livre ou un film
ne nous forcent-t-ils
pas à voir la réalité en face ?

L'art sert-il plutôt
à inventer la réalité et à lui donner un sens ?

À EMBELLIR LA VIE ET

Oui, mais...

Les artistes sont-ils donc toujours heureux ?

Les artistes sont-ils des menteurs qui ne présentent que le bon côté des choses ?

À NOUS RENDRE HEUREUX.

Le rôle de l'art est-il aussi
de nous inquiéter ?

La vie n'est-elle pas déjà
ce qu'il y a de plus beau ?

L'art doit-il servir à quelque chose, sinon à donner du plaisir à ceux qui l'approchent ? Si l'artiste est un visionnaire, il nous aide à voir ce qui sans lui resterait invisible. Mais le fait de prendre conscience du réel peut aussi nous rendre malheureux. Pourtant, l'art semble réunir les hommes, il les rassemble dans une commune émotion, comme au concert ou au théâtre. Il sait nous faire oublier nos misères et nos souffrances. Il réussit à embellir la vie et même la mort. On pourrait en conclure qu'il est trompeur, qu'il déguise la réalité ou qu'il nous la fait simplement oublier. Tour à tour, ou en même temps, l'art nous rend la vie plus confortable et nous dérange, il ne sert à rien et il est indispensable. Sans doute est-ce sa nature de posséder des facettes si contraires.

Te poser cette question, c'est donc...

... reconnaître l'importance de la beauté pour les hommes.

... savoir que les hommes ont besoin du regard des artistes pour voir autrement.

... comprendre que l'art nous permet de dépasser nos limites.

... connaître le bonheur même lorsque cela paraît difficile ou impossible.

OSCAR BRENIFIER

Docteur en philosophie et formateur, il a travaillé dans de nombreux pays pour promouvoir les ateliers de philosophie pour les adultes et la pratique philosophique pour les enfants. Il a déjà publié la collection « L'apprenti philosophe » aux Éditions Nathan, un manuel pour enseignants, *Enseigner par le débat*, aux Éditions CRDP, et un recueil de *Contes philosophiques* aux éditions Alcofribas Nasier.
Site Web : http://www.brenifier-philosopher.fr.st/

RÉMI COURGEON

Pour illustrer *Le beau et l'art, c'est quoi ?*, Rémi Courgeon avait d'abord songé à des figures abstraites peintes sur d'immenses tôles rouillées.
Déjà vu.
Il a ensuite élaboré une série de mobiles composés de machines à laver en suspension et contre-balancés par des plumes de cacatoès.
Trop cliché.
Il a alors imaginé graver des motifs néo-aztèques sur des peaux de phoques tannées.
Pas très neuf.
Finalement, il a opté pour des petits dessins rigolos.

Dépôt légal : août 2006
Conforme à la loi n° 49-956 du 16 juillet 1949 sur les publications destinées à la jeunesse
N° de projet : 10127439
ISBN : 2 09 250966 7
Achevé d'imprimer en France